CONTENTS

목차

갓스토리 구성

• 학생용 공과

낮은 수준부터 6컷의 만화와 높은 수준까지의 질문과 활동이 담겨져 있는 공과책.

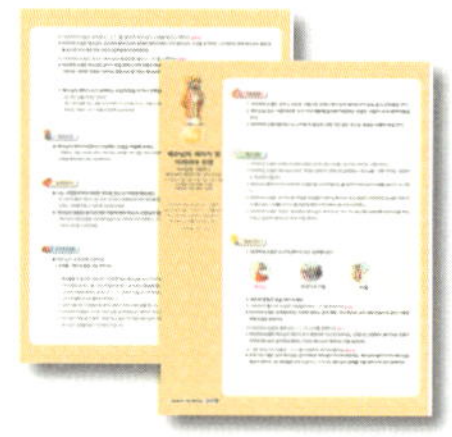

• 교사용 가이드

학생용 공과의 질문에 대한 답변과 시대적 배경 설명, 활동자료 사용법에 대해 설명.(한장연몰 다운로드)

• 색칠하기

각 과의 인물을 출력하며 색칠 할수 있도록 만든 컨텐츠.(한장연몰 다운로드)

• 스토리북

13가지의 이야기를 담아낸 그림책으로 기초적인 질문을 통해 학습.

• 플래시애니메이션

13과의 만화를 실감나는 영상으로 감상.
(한장연몰 다운로드)

• 설교 PPT

도입, 스토리, 퀴즈, 적용으로 구성되어 체계적으로 설교를 이끌어 냄.
(한장연몰 다운로드)

갓스토리 사용하기

영 • 유아
(3세~5세)

① 색칠하기

유치 • 유년
(5세~7세)

① 플래시애니메이션

② 설교PPT

③ 스토리북

초등
(7세~13세)

① 플래시애니메이션

② 설교PPT

③ 학생용 공과
* 가능한 수준까지 문제풀기

갓스토리 활용가이드

• 본문말씀 / 6컷 만화

성경 이야기를 올바르게 이해하기 위해 성경을 찾아 천천히 읽습니다. 공과의 내용을 뚜렷하게 알려주는 중심구절도 반복해서 읽고 묵상하도록 합니다. 본문 말씀의 핵심이 되는 6컷 만화는 역할을 맡아 읽거나 플래시 애니메이션을 보면 더욱 재미있게 읽을 수 있습니다. 만화 속에서는 말씀 다지기의 답(빨간 글씨)도 찾을 수 있도록 표시되어 있습니다.

• 말씀배우기

읽고 쓰기가 어려운 학생들을 위한 질문입니다. 스티커 붙이기, 알맞은 것에 O표, 틀린 것에 X표 하기, 맞는것 찾아 연결하기, 따라쓰기의 질문으로 구성되어 있어 성경말씀에 쉽게 접근할 수 있습니다. 질문은 수준별로 나뉘어 있어 학생 수준에 따라 학생이 풀 수 있는 질문까지 풀도록 합니다.

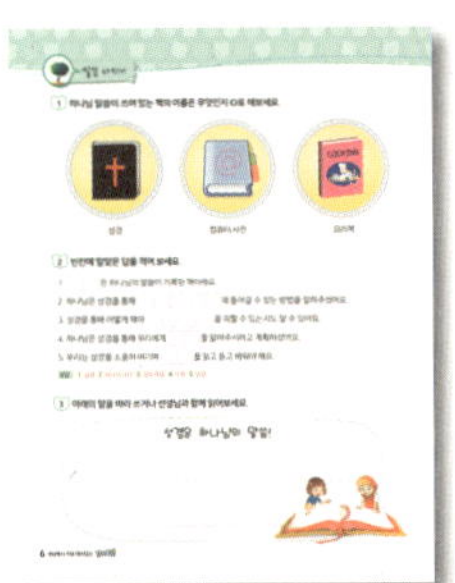

• 말씀다지기

읽고 쓰기가 가능한 학생들을 위한 질문입니다. 질문을 읽고 알맞은 답에 O표 하기, 빈칸에 답적기, 장문쓰기로 구성되어 있어 심화된 수준으로 성경말씀에 접근할 수 있습니다. 질문은 수준별로 나뉘어 있어 학생 수준에 따라 풀 수 있는 질문까지 풀도록 하되, 학생의 특성과 능력에 따라 정답을 보고 따라 적거나 말하는 방법으로 풀이방법을 대체하여 학생이 더욱 적극적으로 참여하도록 합니다.

• 활동하기 / 특별활동

틀린 그림 찾기, 색칠하기, 오리고 붙이고 만들기 등 다양한 활동들로 핵심 내용을 학습하도록 구성하였으며, 학생들의 수준에 따라 활동의 난이도를 교사가 조절하여 학습능력을 최대로 이끌어 줄 수 있도록 구성하였습니다. 또한 4과, 9과, 13과에는 특별활동으로 해당 과의 중심된 내용으로 구성하여 학생들이 핵심 단어나 내용을 마음으로 이해할 수 있도록 오감을 자극하는 만들기로 구성하였습니다.

• 말씀따르기 / 기도하기

학습한 내용을 일상생활에 적용하도록 학생과 약속하는 시간입니다. 말씀 따르기가 예배시간 외의 시간과 장소에서도 이루어질 수 있도록 함께 다짐하고 점검하도록 합니다. 그리고 생활에 적용을 위해 그 날에 배운 공과를 기억하고 하나님 말씀대로 살 수 있도록 기도문을 함께 읽고 기도하며 공과를 마칩니다. 마무리와 함께 학생을 향한 교사의 격려와 응원을 덧붙인다면 최고의 공과가 될 것입니다.

1과 성경을 주신 하나님

소 주 제 : 계획과 성경

본문말씀 : 디모데후서 3장 15절 (전체 : 디모데후서 3장 15 ~ 17절)

중심구절 : 또 너는 어려서부터 성경을 알고 있다. 성경은 네게 그리스도 예수 안에 있는 믿음으로 인해 구원에 이르는 지혜를 줄 수 있다.

성경은 하나님의 말씀이구나.
성경은 특별한 책이네.

❶ 성경은 하나님의 말씀이 기록된 책이에요.

야호! 하나님 나라로 가자!

❷ 하나님은 성경을 통해서 우리가 어떻게 해야 하나님 나라에 들어갈 수 있는지를 알려주셨어요.

으아... 죄를 지으면 반드시 죽는구나…
어휴~ 너무 무서워...

③ 또한, 하나님은 성경을 통해서 무서운 죄와 죽음도 피할 수 있는 방법을 알려주셨어요.

아~ 하나님은 우리를 살려주시려고 성경책을 주셨구나... 하나님, 감사합니다.

❹ 하나님은 성경을 통해서 우리에게 구원을 알려주시려고 계획하셨어요. 구원은 죄와 죽음에서 벗어나서 하나님 나라에 가는 것이에요.

성경에 기록된 하나님 말씀을 배우러 교회에 가자!
나도 같이 갈래!

⑤ 그래서 우리는 성경을 소중히 여기며 성경을 읽고 듣고 배워야 해요. 그리고 하나님이 주신 구원의 기쁨을 갖고 살아야 해요.

성경에 기록된 하나님 말씀을 믿으며 살겠습니다.
성경을 주신 하나님, 감사합니다!

❻ 성경은 하나님의 말씀이에요. 우리는 성경에 기록된 하나님 말씀을 믿고 순종해야 해요.

단어 풀이 **계획** 앞으로 할 일을 미리 짜임새 있게 생각하여 정하는 것 / **기록** 글로 적어 놓는 것

말씀 배우기

1 하나님의 말씀인 성경책과 우리를 구원해 주신 예수님을 스티커로 붙여보세요.

2 내용이 맞은 것에 O표, 알맞지 않은 것에 X표를 해보세요.

하나님의 말씀이 기록된 특별한 책은

성경책이에요.

동화책이에요.

하나님은 성경을 통해 우리에게

여행하는 법을 알려주셨어요.

구원을 알려주셨어요.

성경에 기록된 하나님 말씀을 배우기 위해

교회에 가요.

극장에 가요.

말씀 다지기

1 하나님 말씀이 쓰여 있는 책의 이름은 무엇인지 O표 해보세요.

성경

컴퓨터 사전

요리책

2 빈칸에 알맞은 답을 적어 보세요.

1. □□ 은 하나님의 말씀이 기록된 책이에요.
2. 하나님은 성경을 통해 □□□ □□ 에 들어갈 수 있는 방법을 알려주셨어요.
3. 성경을 통해 어떻게 해야 □□ □□ 을 피할 수 있는지도 알 수 있어요.
4. 하나님은 성경을 통해 우리에게 □□ 을 알려주시려고 계획하셨어요.
5. 우리는 성경을 소중히 여기며 □□ 을 읽고 듣고 배워야 해요.

정답 1. 성경 2. 하나님 나라 3. 죄와 죽음 4. 구원 5. 성경

3 아래의 말을 따라 쓰거나 선생님과 함께 읽어보세요.

성경은 하나님의 말씀!

활동하기

1 하나님 말씀을 배우러 교회에 가는 학생들을 색칠해 보세요.

말씀 따르기

1. 성경은 우리에게 왜 중요한지를 선생님과 함께 이야기해 보세요.
2. 성경에 기록된 말씀 중에서 제일 좋아하는 말씀을 서로 이야기해 보세요.

기도하기

하나님 아버지, 우리에게 성경을 주셔서 감사합니다. 성경을 항상 소중히 여기고 하나님 말씀을 열심히 배우겠습니다. 예수님의 이름으로 기도드립니다. 아멘.

2과 온 세상을 만드신 하나님

소 주 제 : 계획과 창조
본문말씀 : 창세기 1장 25절 (전체 : 창세기 1장 1 ~ 25절)
중심구절 : 하나님께서 들짐승을 그 종류대로, 가축을 그 종류대로, 땅에 기는 모든 것을 그 종류대로 만드셨습니다. 하나님께서 보시기에 좋았습니다.

❶ 하나님이 말씀으로 세상을 만드셨어요.
빛이 있으라!
바다야, 생겨나라!
여러 가지 식물들아 생겨라!

❷ 세상에 있는 모든 것은 하나님의 작품이기 때문에 어느 것도 쓸모없는 것은 없어요.
난 왜 이렇게 못생겼지?
넌 예쁜 나비가 되고 있는 중이란다.

❸ 그리고 하나님이 세상을 만드셨기 때문에 세상에 있는 모든 것은 하나님의 것이에요.
우리 모두가 다 하나님의 것이에요!

❹ 세상에 있는 모든 것이 하나님의 것이기 때문에 하나님은 지금도 세상의 모든 것을 돌보고 있어요.
하나님이 우리를 입혀주세요.
하나님이 우리를 먹여주세요.

❺ 그래서 세상에 있는 모든 것들은 하나님을 기쁘시게 해야 해요.
열심히 열매를 맺어야지!
하나님은 짹짹 소리를 좋아하셔!

❻ 하나님은 이 세상의 모든 것들을 만드시고 돌보시는 세상의 주인이세요.
잘 보살펴야 한다!
네, 하나님!

단어 풀이 쓸모없다 사용할 만하지가 않다 / 주인 책임지고 이끌어 가는 자 / 세상 사람이 사는 모든 주위의 있는 상태를 통틀어 이르는 말

말씀 배우기

1 세상의 주인이신 하나님께 감사하며 찬양하는 꽃과 새를 스티커로 붙여보세요.

2 빈 칸에 글을 따라 쓰고 큰 소리로 고백해보세요.

말 씀 으로 세상을 만드신

하 나 님 은

이 세상의 주 인 이세요.

말씀 다지기

1 하나님은 무엇으로 세상을 만드셨는지 O표 해보세요.

나무

하나님 말씀

벽돌

2 빈칸에 알맞은 답을 적어 보세요.

1. 하나님이 □□으로 세상을 만드셨어요.
2. 세상의 모든 것은 하나님의 □□이기에 어느 것도 쓸모없는 것은 없어요.
3. 하나님이 세상을 만드셨기 때문에 세상 모든 것은 □□□□ □이에요.
4. 세상 모든 것이 하나님의 것이기에 하나님은 지금도 세상 모든 것을 □□□□.
5. 하나님은 이 세상의 모든 것들을 만드시고 돌보시는 세상의 □□이세요.

정답 1. 말씀 2. 작품 3. 하나님의 것 4. 돌보세요 5. 주인

3 아래에 쓰인 말을 따라 쓰거나 선생님과 함께 읽어보세요.

우리 모두가 다 하나님의 것입니다.

활동하기

1 위의 그림과 다른 것 5가지를 아래 그림에서 찾아서 ○표 해보세요.

말씀 따르기

1. 하나님이 세상을 만드시면서 기분이 어떠하셨는지를 선생님과 함께 이야기해 보세요.
2. 하나님이 만드신 아름다운 세상이 지금은 왜 오염되고 망가져 가는지를 선생님과 함께 생각해 보세요.

기도하기

하나님 아버지, 모든 세상을 만드시고 주인이 되시는 하나님을 기쁘시게 하는 ○○(이)가 되겠습니다. 감사합니다. 예수님의 이름으로 기도드립니다. 아멘.

3과 사람을 만드신 하나님

소 주 제 : 계획과 사람
본문말씀 : 창세기 1장 27절 (전체 : 창세기 1장 26 ~ 28절)
중심구절 : 하나님께서 사람을 그분의 형상대로 창조하시니, 곧 하나님의 형상대로 사람을 창조하시되 하나님께서 그들을 남자와 여자로 창조하셨습니다.

① 하나님이 사람을 만드셨어요. 하나님은 흙으로 남자인 아담을 만드셨어요.
후우~
너는 흙으로 만들었으니 '아담'이라 부르겠다.

② 하나님은 사람을 하나님의 형상대로 만드셨어요. 그래서 사람은 하나님을 닮아서 스스로 생각하고 느끼고 결정할 수 있어요.
난 혼자서 생각하고 느끼고 결정할 수 있어요.

③ 그런데 아담은 자신의 짝이 없어서 슬펐어요.
동물들은 모두 짝이 있는데 왜 나는 혼자일까?

④ 하나님은 아담을 잠들게 한 후에 그의 갈비뼈로 여자를 만드셨어요.
남자에게서 나왔으니 여자라고 부를게요.
아담, 당신은 멋진 사람이에요~

⑤ 하나님은 아담과 하와를 찾아와서 이야기를 나누었어요. 그리고 아담과 하와는 어떻게 하면 하나님을 기쁘시게 할까 생각했어요.
아담아, 어디 있니?
하나님, 저 여기 있어요~

⑥ 하나님은 사랑하고 교제하며 기쁨을 얻기 위하여 사람을 만드셨어요.
어떻게 하면 하나님이 기뻐하실까?
우리 하나님을 찬양해요.

단어 풀이 형상 일정한 모양이나 모습 / 교제 서로 사귀어 가까이 지냄

말씀 배우기

1 하나님의 형상대로 만드신 아담과 하와를 스티커로 붙여보세요.

2 하나님이 사람을 만드신 이유로 맞는 것에 선을 연결해보세요.

사람을 만드신 이유는

혼자 외롭게 하시려고

사랑하고 교제하며 기쁨을 얻기 위해서

말씀 다지기

1 하나님께서 흙으로 만드신 것은 무엇인지 O표 해보세요.

동물들

빌딩

사람

2 빈칸에 알맞은 답을 적어 보세요.

1. 하나님이 흙으로 남자인 □□을 만드셨어요.
2. 하나님이 사람을 하나님의 □□대로 만드셨어요.
3. 하나님이 아담을 잠들게 하시고 그의 갈비뼈로 □□를 만드셨어요.
4. 하나님은 □□□ □□에게 매일 찾아 와서 이야기를 나누셨어요.
5. 하나님은 사람을 □□하고 교제하며 기쁨을 얻으시려고 만드셨어요.

정답 1. 아담 2. 형상 3. 여자 4. 아담과 하와 5. 사랑

3 나를 만들어 주신 하나님께 감사하며 아래 쓰인 말을 따라 쓰거나 선생님과 함께 읽어보세요.

하나님, 사랑해요!

활동하기

1 상자 안의 숫자를 선택하여 사다리 끝에 있는 이야기가 맞으면 O표, 틀리면 X표를 해보세요.

1
2
3
4
하나님은 사람을 하나님의 형상대로 만드셨어요.
하나님은 아담의 갈비뼈로 여자인 하와를 만드셨어요.
하나님은 흙으로 여자인 하와를 만드셨어요.
하나님은 사랑하고 교제하며 기쁨을 얻기 위하여 사람을 만드셨어요.

말씀 따르기

1. 하나님은 왜 사람을 만드셨는지를 선생님과 함께 이야기해 보세요.
2. 하나님은 왜 아담에게 하와를 만들어 주셨을까요? 선생님과 함께 이야기해 보세요.

기도하기

하나님 아버지, 저를 하나님의 형상대로 만들어 주셔서 감사합니다. 예수님의 이름으로 기도드립니다. 아멘.

4과 하나님의 선택을 받은 아브람

소 주 제 : 계획과 신자
본문말씀 : 창세기 12장 2, 3절(전체 : 창세기 6장 6 ~ 12절)
중심구절 : 내가 너를 큰 민족으로 만들고 네게 복을 주어 네 이름을 크게 할 것이니 네가 복의 근원이 될 것이다. 너를 축복하는 사람에게는 내가 복을 주고 너를 저주하는 사람에게는 내가 저주하리니 땅의 모든 족속이 너로 인해 복을 받을 것이다.

① 하나님을 미워하는 사람들은 항상 악한 생각을 하며 자기들 멋대로 나쁜 짓을 하며 살았어요. 그래서 하나님은 악한 사람들 모두를 물로 심판하려고 하셨어요.
우르릉 쾅쾅!!!
사람들이 이렇게 악하다니... 어쩔 수 없이 벌을 줘야겠구나...
으악~~ 사람 살려!

② 하나님은 노아와 그의 가족을 통하여 세상에 사람들이 많아지게 하실 계획을 세우셨어요.
다시는 물로 벌을 주지 않을 것이니, 자녀를 많이 낳고 번성하여 온 땅을 채워라.
하나님, 감사합니다.

③ 그러나 세상 사람들은 바벨탑을 높이 쌓으며 스스로 하나님처럼 높아지려고 했어요.
우리 힘으로 하늘에 닿을 정도로 높은 탑을 쌓자!
옳소! 하나님이 없어도 우리 힘으로 살 수 있다는 걸 보여주자고!

④ 하나님은 사람들의 말(언어)을 혼잡하게 하여 서로 알아듣지 못하게 하셨어요. 사람들이 바벨탑을 더 이상 쌓을 수 없게 되자 뿔뿔이 흩어졌어요.
Hello!
도대체 뭔 소리야!
에잇, 이곳을 떠나야겠다!

⑤ 하나님은 다시 하나님을 사랑하는 사람들을 세우기로 계획하셨어요. 그리고 아브람이라는 사람을 찾아가서 말씀하셨어요.
아브람아, 내가 너에게 보여 줄 땅으로 가거라!
네..? 거기가 어딘지는 모르겠지만... 알겠습니다..

⑥ 그리고 하나님은 아브람에게 그의 자손들을 통하여 큰 민족이 되게 하실 것이라고 말씀하셨어요.
내가 너를 큰 민족이 되게 하고 너에게 복을 주어 너의 이름을 빛나게 할 것이다. 너는 사람들에게 복을 전해 주는 사람이 될 것이다.
아멘~

단어 풀이 **혼잡하다** 여러 가지가 뒤섞여서 복잡하고 어수선하다 / **민족** 같은 곳에서 오래함께 살면서 서로의 생각과 행동이 잘 통하는 사람들의 무리

점선을 따라 살짝 접은후 잡아당겨 주세요.

······ 안으로 접는 선

— · — 바깥으로 접는 선

- - - 자르는 선

<활동하기!>

하나님의 선택을 받은 아브람

내가 너를 큰 민족이 되게 하고 복을 주어
너의 이름을 빛나게 할 것이다.
너는 사람들에게
복을 전해 주는 사람이 될 것이다.

〈 만드는 과정 〉

1. 책에서 활동지를 분리하고 그림을 모양대로 모두 오려 줍니다.

2. 먼저 그림판의 가운데에 있는 자르는 선을 따라 칼로 자르고 반으로 접어줍니다.

3. 오려 놓은 아브람과 가속의 그림을 붙입니다.

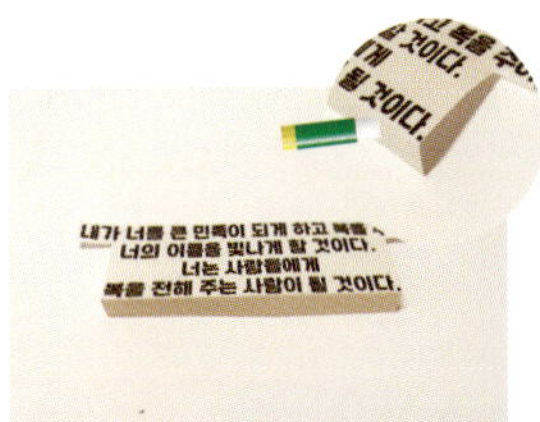

4. 오려 놓은 말씀의 아래부분을 접고 풀칠을 합니다.

5. 마지막으로 말씀을 붙여 완성합니다.
완성된 그림으로 말씀을 한 번 더 복습하고 기도로 마칩니다.

* 종이가 두꺼워서 접는 활동이 어려울 수 있습니다. 접는 선을 커터칼 등 부분을 사용하여 선을 그어주면 좀 더 쉽게 접을 수 있습니다.

말씀 배우기

1 하나님의 선택을 받은 노아와 아브람의 모습을 스티커로 붙여보세요.

말씀 다지기

2 빈칸에 알맞은 답을 적어 보세요.

1. 하나님을 미워하는 사람들은 죄를 지었기 때문에 물로 □□ 을 받아 모두 죽게 되었어요.
2. 하나님은 □□ 와 그의 가족을 통해 세상에 사람들이 많아지게 하실 계획을 세우셨어요.
3. 그러나 세상 사람들은 □□□ 을 쌓고 스스로 하나님처럼 높아지려고 했어요.
4. 하나님은 사람들의 □ 을 혼잡하게 하여 서로 알아듣지 못하게 하셨어요.
5. 하나님은 아브람을 찾아가서 그의 자손을 통해 □ □□ 이 되게 할 것이라고 말씀하셨어요.

정답 1. 심판 2. 노아 3. 바벨탑 4. 말 5. 큰 민족

말씀 따르기

1. 하나님께서는 왜 아브람을 찾아가셨는지를 선생님과 함께 생각해 보세요.
2. 하나님께서는 아브람에게 어떤 약속을 하셨는지를 선생님과 함께 이야기해 보세요.

기도하기

하나님 아버지, 저도 아브람처럼 사람들에게 복을 전하는 믿음의 사람이 되게 해주세요. 예수님의 이름으로 기도드립니다. 아멘.

5과 성막에 나타난 하나님의 영광

소 주 제 : 계획과 예표
본문말씀 : 출애굽기 40장 34절(전체 :출애굽기 40장 1 ~ 38절)
중심구절 : 그때 구름이 회막을 덮고 여호와의 영광이 성막에 가득했습니다.

① 모세는 하나님 말씀에 따라 이스라엘 백성을 데리고 애굽을 떠나 약속의 땅으로 출발했어요.
약속의 땅으로 출발!
와~!!
와~~!!

② 모세와 이스라엘 백성은 약속의 땅으로 향하는 도중에 시내 산이라는 곳에 도착하게 되었어요.
시내 산에 도착했구나...
웅성~ 웅성~
웅성~ 웅성~

③ 하나님은 모세에게 성막을 지으라고 말씀하시면서 성막을 만드는 방법을 자세히 알려 주셨어요.
성막이요?? 성막이 뭐에요?
내가 너희를 만나기 위한 천막이란다.

④ 모세와 이스라엘 백성은 하나님이 알려주신 대로 정성껏 성막을 만들었어요.
여러분, 반드시 하나님이 알려주신 대로 성막을 만들어야 합니다.
네~ 영차~

⑤ 모세와 이스라엘 백성이 성막을 완성했어요. 하나님께 성막을 드렸을 때에 구름이 성막 위를 덮고 안에는 하나님의 영광이 가득했어요.
아~ 하나님의 영광이 성막에 가득하구나!
하나님이 우리와 함께 계시는구나!

⑥ 성막은 장차 오실 예수님을 미리 보여주는 모형이었어요. 성막에 하나님의 영광이 가득했던 것처럼 예수님은 하나님의 영광으로 충만하신 분이에요. 하나님이신 예수님은 우리와 항상 함께 계세요.
아~ 하나님은 예수님을 알려 주시려고 성막을 만들게 하셨구나...
예수님은 하나님의 영광이셔~!

단어 풀이
영광 명백하게 나타나는 빛나는 아름다움 / 충만 가득하게 차 있는 것
예표 어떤 일이 일어나기 전에 그 일에 대하여 미리 알 수 있게 하는 여러 가지 일들

말씀 배우기

1 하나님의 말씀을 따라 성막을 만드는 모세와 사람들을 스티커로 붙여보세요.

2 하나님께 성막을 드렸을 때 이스라엘 백성들이 깨닫고 고백한 말을 따라 써보세요.

하나님이 우리와

함 께 계 신 다.

말씀 다지기

1 **모세가 약속의 땅으로 가던 중에 하나님 말씀을 따라서 만든 것은 무엇인지 O표 해보세요.**

텐트

성막

방주

2 **빈칸에 알맞은 답을 적어 보세요.**

1. 모세는 이스라엘 백성을 데리고 □□을 떠나 약속의 땅으로 출발했어요.
2. 모세와 이스라엘 백성은 약속의 땅으로 가던 중에 □□ □이라는 곳에 도착했어요.
3. 하나님은 모세에게 □□을 지으라고 말씀하시면서 만드는 방법을 알려주셨어요.
4. 모세와 이스라엘 백성이 하나님께 성막을 드렸을 때에 성막 안에는 □□□□ □□이 가득했어요.
5. 성막은 장차 오실 □□□을 미리 보여주는 모형이었어요.

정답 1. 애굽 2. 시내 산 3. 성막 4. 하나님의 영광 5. 예수님

3 **아래에 쓰인 말을 따라 쓰거나 선생님과 함께 읽어보세요.**

예수님은 하나님의 영광이십니다.

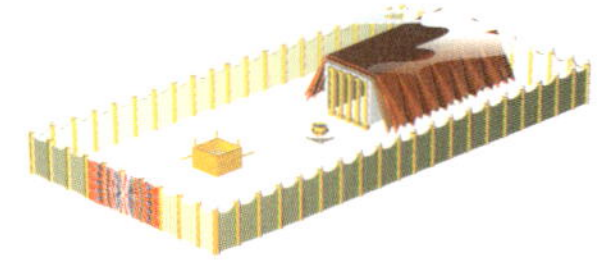

활동하기

1 성막에 가득한 하나님의 영광을 바라보며 감탄하는 두 사람을 색종이를 찢어 붙여 완성해주세요.

말씀 따르기

1. 하나님께서는 왜 모세에게 성막을 만들라고 하셨는지를 선생님과 함께 이야기해 보세요.
2. 예수님께서는 왜 하나님의 영광이신지를 선생님과 함께 생각해 보세요.

기도하기

하나님 아버지, 하나님의 영광이신 예수님께서 우리와 항상 함께 계심을 믿습니다. 예수님의 이름으로 기도드립니다. 아멘.

6과 예배를 받지 않으신 하나님

소 주 제 : 계획과 예배
본문말씀 : 이사야 1장 13절(전체 : 이사야 4장 1 ~ 17절)
중심구절 : 더 이상 헛된 제물을 가져오지 말라. 제물 타는 냄새도 역겹다. 초하루와 안식일과 집회의 선포를 견딜 수 없다. 악을 행하면서 성회를 여는 것을 참을 수 없다.

❶ 유다 사람들은 자신들이 하나님의 백성이라고 매우 자랑스러워했어요. 그러나 하나님 말씀에 순종하며 살려고 하기보다는 자기 욕심에 따라 살아갔어요.
그럼, 그럼~ 하하하!
우린 하나님이 선택한 사람들이라고!

❷ 유다 사람들은 진실 된 뉘우침과 회개하는 마음이 없었어요. 단지 사람들에게 보이려고 허풍을 떨며 예배에 참석했어요.
제물을 이 정도는 가져가야 사람들이 부러워하겠지... 에헴~
자~ 체면도 있으니 슬슬 예배나 가볼까?

❸ 유다 사람들은 하나님께 진심으로 회개하지 않고 여러 가지 화려한 방법으로 예배를 드렸어요.
성전을 좀 더 크고 화려하게 꾸며야 예배할 맛이 나지!
그럼. 그럼...

❹ 그러나 하나님은 이러한 유다 사람들의 어리석은 예배를 매우 싫어하셨어요.
이사야, 내가 원하는 예배는 이런 거짓 예배가 아니란다.
네, 하나님...

❺ 하나님은 자신의 죄와 잘못을 뉘우치고 하나님 말씀에 순종하는 사람들을 사랑하셨어요. 그리고 어려운 사람들을 도우며 살아가는 사람들의 예배를 기쁘게 받으셨어요.
나는 내 말에 순종하여 나를 사랑하는 사람의 예배를 받는다.
네.. 사람들에게 알려 줄게요.

❻ 하나님은 억지로 드리는 예배를 받지 않으시고 하나님을 사랑하는 마음으로 드리는 예배를 받으세요. 하나님은 예배를 통하여 우리를 만나길 원하시기 때문이에요.
하나님, 저의 죄를 용서해 주셔서 감사합니다.
하나님, 사랑해요~

단어 풀이
뉘우침 자신이 저지른 잘못한 일에 대해 후회하며 반성하는 것 / **허풍** 지나치게 부풀려 말하여 믿음이 가지 않게 하는 행동
어리석음 바르게 생각하지 못하고 멍청하게 행동하는 것

말씀 배우기

1 하나님 말씀을 듣는 이사야와 욕심 많은 유다 사람들을 스티커로 붙여보세요.

2 하나님이 기뻐하시는 예배는 어떤 예배인지 맞는 것에 ○표 해 보세요.

하나님을 사랑하는 마음으로 드리는 예배

진심으로 회개하는 마음으로 드리는 예배

보기에만 화려하고 억지로 드리는 예배

말씀 다지기

1 **유다 사람들이 하나님의 백성이라 자랑하며 무엇을 따라 살았는지 O표 해보세요.**

이웃 사랑

하나님 말씀

자기의 욕심

2 **빈칸에 알맞은 답을 적어 보세요.**

1. 유다 사람들은 자신들이 하나님의 ☐☐이라고 매우 자랑스러워했어요.
2. 그러나 유다 사람들은 진실 된 뉘우침과 회개하는 ☐☐이 없었어요.
3. 유다 사람들은 진심으로 ☐☐하지 않고 여러 가지 화려한 방법으로 예배를 드렸어요.
4. 하나님은 유다 사람들의 ☐☐☐☐ ☐☐를 매우 싫어하셨어요.
5. 하나님은 억지로 드리는 예배를 받지 않으시고 하나님을 ☐☐하는 마음으로 드리는 예배를 받으세요.

정답 1. 백성 2. 마음 3. 회개 4. 어리석은 예배 5. 사랑

3 **하나님께서는 어떤 예배를 기뻐하시는지 글을 따라 쓰거나 선생님과 함께 읽어보세요.**

잘못을 회개하며 하나님을 사랑하는
마음으로 드리는 예배

활동하기

1 하나님께서 기뻐하시는 예배는 어떤 마음으로 드려야하는지 길을 따라가며 바른 것에 O표 해보세요.

말씀 따르기

1. 하나님께서 기뻐 받으시는 예배를 드리려면 어떻게 해야하는지 선생님과 함께 이야기해 보세요.
2. 나는 하나님께 어떤 마음으로 예배를 드리는지를 선생님과 함께 이야기해 보세요.

기도하기

하나님 아버지, 잘못을 회개하며 하나님을 사랑하는 마음으로 예배를 드리겠습니다. 예수님의 이름으로 기도드립니다. 아멘.

7과 침묵하신 하나님

소 주 제 : 계획과 준비
본문말씀 : 말라기 1장 2절 상반부(전체 : 말라기 1장 1 ~ 5절)
중심구절 : 여호와께서 말씀하셨다. "내가 너를 사랑했다. 그런데 너는 '우리를 어떻게 사랑하셨습니까?' 하는구나." 여호와의 말씀이다.

❶ 하나님 말씀을 듣지 않은 이스라엘은 결국 나라를 빼앗겼어요. 그리고 많은 사람들이 포로로 끌려갔어요.
집에 다시 갈 수 있을까?
절대로 못 갈거야... 흑흑흑
❷ 그러나 하나님은 이스라엘 백성에게 집으로 다시 돌아가게 해 주신다고 말씀하셨어요. 그리고 하나님은 고레스 왕을 사용하셔서 이스라엘 백성들을 집으로 돌려보내었어요.
이스라엘 백성을 집으로 돌려보내라!
네!
❸ 이스라엘 백성들은 고향으로 돌아와서 가장 먼저 하나님의 성전을 지었어요.
솔로몬 왕이 지은 성전보다 형편없네...
그래도 하나님은 기뻐하실 거야!
❹ 하지만 고향으로 다시 돌아온 이스라엘 백성들에게는 간절한 소원이 있었어요.
우리나라가 완전히 독립되었으면 얼마나 좋을까!
다윗 왕과 같은 구원자가 오셨으면...
❺ 하나님은 이스라엘 백성에게 말라기 선지자를 보내신 후에 400년 동안 어떤 말씀도 하지 않으셨어요.
나를 보내신 후에 하나님은 400년 동안 말씀하지 않으셨지...
❻ 분명한 것은 하나님이 예수님을 세상에 보내시기 위하여 오랫동안 준비하고 계셨던 것이었어요.
하나님은 주무시고 있는 게 아니야.
맞아~ 하나님은 우리를 위해 일하고 계셔.

단어 풀이
독립 다른 사람이나 무리에 억지로 얽매여 자유롭지 못한 상태에서 벗어나는 것 / **성전** 예배를 할 수 있도록 세운 건물
선지자 하나님의 뜻과 말씀을 전했던 사람

1 고향으로 돌아와 가장 먼저 하나님의 성전을 짓는 이스라엘 백성들을 스티커로 붙여보세요.

2 하나님이 말라기 선지자를 보내신 후에 아무 말씀이 없으셨던 이유를 찾아 선을 연결해보세요.

하나님께서는

예수님을 세상에 보시려고 오랫동안 준비

사람들을 벌 주시려고 오랫동안 준비

말씀 다지기

1 하나님이 오랫동안 준비하신 것은 무엇인지 O표해보세요.

큰 성전

세상에 보내실 예수님

전쟁

2 빈칸에 알맞은 답을 적어 보세요.

1. 하나님 말씀을 듣지 않은 이스라엘은 결국 나라를 빼앗기고 ☐☐ 로 끌려갔어요.
2. 하나님은 이스라엘 백성에게 ☐ 으로 다시 돌아가게 해 주신다고 말씀하셨어요.
3. 이스라엘 백성들은 고향으로 돌아와 가장 먼저 하나님의 ☐☐ 을 지었어요.
4. 다시 고향으로 돌아온 이스라엘 백성에게는 간절한 ☐☐ 이 있었어요.
5. 하나님은 ☐☐☐ 을 세상에 보내시려고 오랫동안 준비하고 계셨어요.

정답 1. 포로 2. 집 3. 성전 4. 소원 5. 예수님

3 아래에 쓰인 말을 따라 쓰거나 선생님과 함께 읽어보세요.

하나님, 구원자이신 예수님을 보내주셔서 감사합니다.

활동하기

1 고향으로 돌아와 가장 먼저 하나님의 성전을 짓는 이스라엘 사람을 색칠해보세요.

말씀 따르기

1. 우리는 왜 하나님 말씀에 순종해야 하는지를 선생님과 함께 생각해 보세요.
2. 구원자를 보내주신 하나님께 우리는 어떻게 해야 하는지를 선생님과 함께 이야기해 보세요.

기도하기

하나님 아버지, 나의 잘못을 깨닫게 히시고 올바른 길로 인도해 주셔서 감사드립니다. 예수님의 이름으로 기도드립니다. 아멘.

8과 우리에게 오신 예수님

소 주 제 : 계획과 구원자
본문말씀 : 누가복음 2장 21절(전체 : 누가복음 2장 8 ~ 21절)
중심구절 : 8일째 되는 날 할례 할 때가 되자 아기가 잉태되기 전에 천사가 일러 준 대로 그 이름을 '예수'라 지었습니다.

① 아담과 하와는 하나님 말씀을 무시하고 선악과를 먹고 죄를 지었어요. 그 이후, 사람들은 아담과 하와처럼 자기 마음대로 죄를 지으며 살았어요.
하나님이 먹지 말라고 했지만... 그래도 먹을래...
하나님이 어디 있다고...쯧
난 내 맘대로 할 거야!

② 하나님을 떠나 죄를 짓게 된 사람들은 저주를 받고 결국은 죽게 되었어요.
죄를 지으면 죽는구나...
지옥에 가다니... 무서워...

③ 사람들은 자기 힘으로 죄와 죽음을 해결할 수 없어요. 그래서 하나님은 우리를 살리려고 자기 아들인 예수님을 보내시기로 하셨어요.
아들을 세상에 보내야겠구나~
도와주세요!
하나님, 살려주세요!

④ 예수님은 이 땅에 오셔서 하나님이 살아 계신 것과 또한 어떤 분이신지 가르쳐 주셨어요.
예수님을 보니 하나님이 계신 걸 알 수 있어.
예수님이 하나님이시니까!

⑤ 그리고 예수님은 우리 죄를 용서하시려고 우리를 대신해서 십자가에 달려 돌아가셨어요.
예수님을 믿으면 천국에 갈 수 있어.
예수님이 십자가에서 우리의 죄를 용서하셨어...

⑥ 하나님은 우리에게 가장 큰 선물인 예수님을 보내주셨어요. 우리의 죄를 용서해 주시고 다시 살려주셨어요.
예수님은 하나님께서 보내신 가장 귀한 선물이야!
예수님, 사랑해요!

단어 풀이 저주 매우 미워하는 상대에게 나쁜 일이 생기도록 빌며 바라는 것

말씀 배우기

1 우리를 위해 이 땅에 오신 예수님과 십자가에서 돌아가신 예수님을 스티커로 붙여보세요.

2 이 땅에 오셔서 하나님이 살아계신 것과 하나님에 대해 가르쳐주신 분이 누구인지 O표 해보세요.

목동들

아담과하와

예수님

말씀 다지기

1 하나님이 우리에게 큰 선물인 예수님을 보내주신 이유는 무엇인지 O표해보세요.

큰 건물을 지으시려고

아들을 세상에 보내야겠구나~
우리의 죄를 용서하기 위해

동물들을 보살피게 하시려고

2 빈칸에 알맞은 답을 적어 보세요.

1. 아담과 하와 이후의 사람들은 자기 마음대로 ☐ 를 지으며 살았어요.
2. 사람들은 자기 힘으로 죄와 ☐☐ 을 해결할 수 없어요.
3. ☐☐☐ 은 이 땅에 오셔서 하나님이 살아 계신 것과 또한 어떤 분이신지 가르쳐 주셨어요.
4. 예수님은 우리 죄를 용서하시려고 우리를 대신해서 ☐☐☐ 에 달려 돌아가셨어요.
5. 하나님은 우리에게 가장 큰 선물인 예수님을 보내주시고 우리의 죄를 ☐☐ 해 주셨어요.

정답 1. 죄 2. 죽음 3. 예수님 4. 십자가 5. 용서

3 아래에 쓰인 말을 따라 쓰거나 선생님과 함께 읽어보세요.

예수님이 나의 죄를 용서하셨어요.

활동하기

1 왼쪽의 모습과 같은 모양이 있는 그림을 찾아 선을 긋고 무슨 그림인지 이야기해보세요.

말씀 따르기

1. 사람들은 왜 하나님을 떠나서 살려고 하는지를 선생님과 함께 생각해 보세요.
2. 하나님은 이 세상에 예수님을 왜 보내셨을까요? 선생님과 함께 이야기해 보세요.

기도하기

하나님 아버지, 예수님을 이 땅에 보내셔서 나의 죄를 용서하시고 새 생명을 주셔서 감사합니다. 예수님의 이름으로 기도드립니다. 아멘.

9과 땀이 피가 되도록 기도하신 예수님

소 주 제 : 계획과 기도
본문말씀 : 누가복음 22장 42절(전체 : 누가복음 22장 39 ~ 46절)
중심구절 : "아버지여, 만일 아버지의 뜻이면 내게서 이 잔을 거두어 주십시오. 그러나 내 뜻대로 하지 마시고 아버지의 뜻대로 되게 하십시오.

① 예수님은 고난을 받고 십자가에서 죽을 시간이 다가오고 있다는 것을 아셨어요.
아... 이제 얼마 남지 않았구나...
② 예수님은 기도하기 위하여 감람산으로 가셨어요. 제자들도 예수님을 따라갔어요.
기도하러 가야겠다.
어디 가세요? 같이 가요!
③ 감람산에 도착한 예수님은 제자들에게 유혹에 빠지지 않도록 기도하라고 말씀하셨어요. 그리고 예수님은 조금 떨어진 곳에서 무릎을 꿇고 기도하기 시작했어요.
우리도 기도하자.
④ 예수님은 가능하다면 십자가의 고난과 죽음을 피하게 해달라고 두려운 마음으로 기도하셨어요.
아버지 하나님, 가능하다면 이 고통을 피하게 해주세요.
⑤ 그러나 예수님은 자신의 뜻이 아닌 하나님 아버지의 뜻을 이루게 해달라고 간절히 기도하셨어요. 그러자 천사가 하늘로부터 나타나 예수님께 힘을 북돋아 주었어요.
예수님, 힘내세요...
그러나 내가 하고 싶은 것이 아닌 하나님 아버지의 뜻대로 이루어 주세요.
⑥ 예수님은 땀이 핏방울이 되도록 간절히 기도하신 후에 자리에서 일어났어요. 그리고 하나님 아버지의 뜻을 이루기 위하여 십자가를 지기로 결심하셨어요.
그래! 하나님의 뜻은 반드시 이루어질 거야. 하나님의 자녀들을 살리기 위해 내가 대신 십자가에서 죽어야 해!

단어 풀이 **고난** 괴롭고 어려워서 힘든 것 / **유혹** 속이거나 부추겨서 마음을 혼란스럽게 하여 나쁜 길로 이끄는 것

점선을 따라 살짝 접은 후 잡아당겨 주세요.

안으로 접는 선

바깥으로 접는 선

자르는 선

<활동하기!> 간절히 기도하시는 예수님

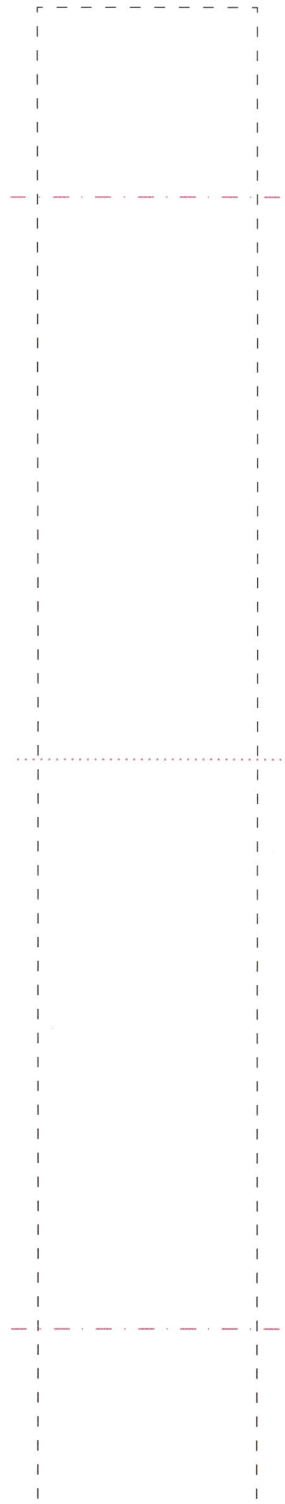

〈 만드는 과정 〉

1. 
책에서 활동지를 분리하고 그림의 모양대로 오려줍니다.

2. 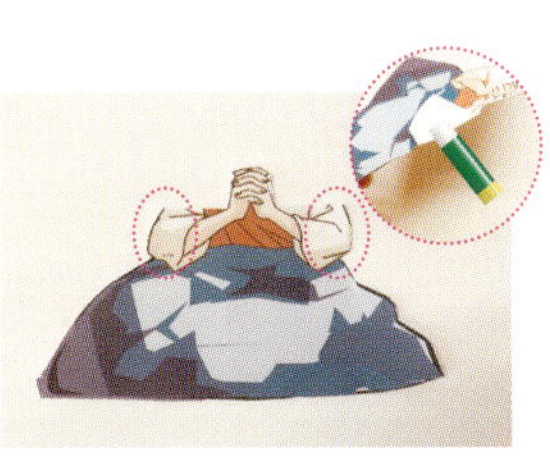
양쪽 팔 부분의 뒷쪽에 풀칠을 합니다.

3. 
풀칠을 한 팔부분을 한쪽을 먼저 붙인 후 나머지 한쪽을 그림에 맞추어 붙입니다.

4. 
받침대를 만들어 그림 뒤에 붙여줍니다.

4. 
완성된 그림을 가지고 말씀을 한 번 더 복습하고 기도로 마칩니다.

말씀 배우기

1 간절히 기도하시는 예수님과 십자가를 지시기로 결심하신 예수님을 스티커로 붙여보세요.

말씀 다지기

1 빈칸에 알맞은 답을 적어 보세요.

1. 예수님은 고난을 받고 □□□에서 죽을 시간이 다가오고 있다는 것을 아셨어요.
2. 예수님은 제자들에게 □□에 빠지지 않도록 기도하라고 말씀하셨어요.
3. 예수님은 가능하다면 십자가의 □□과 죽음을 피하게 해달라고 기도하셨어요.
4. 예수님은 자신의 뜻이 아닌 □□□ □□□의 뜻을 이루게 해달라고 간절히 기도하셨어요.
5. 간절히 기도하신 예수님은 하나님 아버지의 뜻을 이루기 위해 □□□를 지기로 결심하셨어요.

정답 1. 십자가 2. 유혹 3. 고난 4. 하나님 아버지 5. 십자가

말씀 따르기

1. 내 생각보다 더 중요한 것은 누구의 생각인지를 선생님과 함께 이야기해 보세요.
2. 예수님은 왜 하나님 아버지의 뜻을 이루려고 간절히 기도했을지 선생님과 함께 생각해 보세요.

기도하기

하나님 아버지, 내가 하고 싶은 것이 아닌 하나님께서 좋아하시는 것을 실천할 수 있도록 도와주세요. 예수님의 이름으로 기도드립니다. 아멘.

10과 하나님 나라를 완성하신 예수님

소 주 제 : 계획과 재림
본문말씀 : 요한계시록 21장 4절 (전체 : 요한계시록 21장 1 ~ 8절)
중심구절 : "그들의 눈에서 모든 눈물을 닦아 주실 것이며 더 이상 죽음이 없고 다시는 슬픔이나 우는 것이나 아픈 것이 없을 것이다. 이는 처음 것들이 지나갔기 때문이다."

❶ 하나님이 세상을 창조하시면서 세상은 시작되었어요. 또한 시작이 있기에 세상의 끝도 있어요.
빛이 있으라!
해와 달이 있으라!

❷ 세상의 끝에는 많은 사람들이 하나님을 믿게 돼요. 그러나 악한 사탄이 하나님을 믿지 못하도록 방해도 하죠.
그렇지~ 신난다!
하나님은 없어!
내 맘대로 살자~

❸ 세상의 끝인 마지막 때에는 지진이 일어나고 기근과 전쟁이 있을 거예요.
악~~ 사람 살려!!
으아~~ 살려주세요!

❹ 세상의 마지막 때에는 예수님이 천사들과 함께 구름을 타고 오실 거예요.
빵빠라밤~
빵빠라밤~

❺ 세상의 마지막 때에는 예수님이 안 믿는 사람들과 사탄을 모두 지옥에 보내실 거예요.
으악! 사람살려~
아~ 이럴 줄 알았으면 예수님 잘 믿을걸... 흑흑흑...

❻ 세상의 마지막 때에는 예수님을 믿는 사람들이 하나님 나라에서 영원히 살게 되요.
나와 함께 하나님 나라에서 살자!
야호!

단어 풀이 **창조** 새로운 것을 처음으로 만들어 내는 것 / **기근** 먹을 음식이 모자라서 굶게 되는 것

1 예수님을 믿는 사람들과 믿지 않는 사람들의 마지막 모습을 스티커로 붙여보세요.

2 세상의 마지막 때에 예수님을 믿는 우리는 어디에서 영원히 살게 되는지 글을 따라 써 보세요.

예수님과 함께 사는

하 나 님 나 라

말씀 다지기

1 누가 이 세상을 창조하면서 세상이 시작되었는지 O표 해보세요.

하나님

외계인

원숭이

2 빈칸에 알맞은 답을 적어 보세요.

1. 하나님이 세상을 창조하시면서 세상은 ☐☐ 되었어요. 그래서 세상의 끝도 있어요.
2. 세상의 끝에는 악한 ☐☐ 이 하나님을 믿지 못하도록 방해해요.
3. 세상의 마지막 때에는 ☐☐☐ 이 천사들과 함께 구름을 타고 오실 거예요.
4. 세상의 마지막 때에는 예수님이 안 믿는 사람들과 사탄을 모두 ☐☐ 에 보내실 거예요.
5. 세상의 마지막 때에는 예수님을 믿는 사람들이 ☐☐☐ ☐☐ 에서 영원히 살게 됩니다.

정답 1. 시작 2. 사탄 3. 예수님 4. 지옥 5. 하나님 나라

3 아래의 말을 따라 쓰거나 선생님과 함께 읽어보세요.

예수님과 함께 하나님 나라에 가요!

활동하기

1 위에 있는 그림과 이어지는 내용의 그림을 찾아 연결하고 그 내용을 소리 내어 읽어보세요.

세상의 마지막 때에는

세상의 마지막 때에는

세상의 끝에는

세상의 마지막 때에는

예수님이 천사들과 함께 구름을 타고 오실 거예요.

많은 사람들이 하나님을 믿게 되나 악한 사탄이 방해도 하죠.

예수님이 안 믿는 사람들과 사탄을 모두 지옥에 보내실 거예요.

예수님을 믿는 사람들이 하나님 나라에서 영원히 살게 되요.

말씀 따르기

1. 왜 많은 사람들이 예수님을 믿지 않는지를 선생님과 함께 생각해 보세요.
2. 세상의 끝에는 어떤 일들이 일어나는지를 선생님과 함께 이야기해 보세요.

기도하기

하나님 아버지, 끝까지 예수님을 믿고 예수님과 함께 하나님 나라에서 영원히 살도록 해주세요. 예수님의 이름으로 기도드립니다. 아멘.

11과 우리와 함께하시는 성령님

소 주 제 : 계획과 성령
본문말씀 : 요한복음 14장 26절(전체 : 요한복음 14장 16 ~ 31절, 로마서 8장 11 ~ 17절)
중심구절 : 그러나 보혜사, 곧 아버지께서 내 이름으로 보내실 성령께서 너희에게 모든 것을 가르쳐 주실 것이며 내가 너희에게 말한 모든 것을 생각나게 하실 것이다.

① 예수님은 아빠이신 하나님이 성령님을 보내실 것이라고 제자들에게 말씀하셨어요. 성령님은 우리를 돕는 보이지 않는 하나님이세요.
성령님이 오신다구요?
성령님이 너희에게 오실 것이다.

② 성령 하나님은 예수님을 믿고 따르는 모든 사람들과 영원히 함께 계시는 분이세요.
예수님을 믿으면 우리 마음에 오셔.
그리고 우리를 떠나지 않으시지.

③ 성령 하나님은 우리가 하나님의 말씀대로 살도록 도와주시는 분이에요.
예수님처럼 용서하고 사랑해라.
저 친구가 미워요. 어떻게 해야 하죠?

④ 성령 하나님은 우리에게 모든 것을 가르치고 예수님의 말씀을 생각나게 해주세요.
성령 하나님은 성경말씀을 이해하도록 도와주세요!
말씀이 생각나게 도와주시기도 하지!

⑤ 성령 하나님은 우리가 하나님의 자녀인 것을 증명해주세요. 그래서 우리는 예수님처럼 하나님을 아빠 하나님이라고 부를 수 있어요.
아빠 하나님 감사합니다~
아멘~

⑥ 예수님이 우리에게 성령 하나님을 보내시는 것은 하나님 나라에 들어갈 때까지 우리를 돕기 위해서예요.
성령님, 감사합니다.
성령님, 꼭 붙들어 주세요.

단어 풀이 **증명** 어떤 사실에 대하여 진짜인지 가짜인지를 증거를 들어서 명백히 밝히는 것

말씀 배우기

1 모든 것을 가르치고 도와주시는 성령 하나님께 감사하는 학생들을 스티커로 붙여보세요.

2 우리를 돕는 보이지 않는 하나님은 누구신지 글을 따라 써 보세요.

성 령 님

말씀 다지기

1 예수님은 하나님 아버지께서 누구를 보내실 것이라고 제자들에게 말씀 하셨는지 O표 해보세요.

성령님

아브람

말라기 선지자

2 빈칸에 알맞은 답을 적어 보세요.

1. ☐☐☐ 은 우리를 돕는 보이지 않는 하나님이세요.
2. 성령 하나님은 ☐☐☐ 을 믿고 따르는 모든 사람들과 영원히 함께 계세요.
3. 성령 하나님은 우리가 ☐☐☐ ☐☐ 대로 살도록 도와주세요.
4. 성령 하나님은 우리에게 모든 것을 가르치고 예수님의 말씀을 ☐☐ 나게 해주세요.
5. 성령 하나님은 우리가 ☐☐☐ ☐☐ 에 들어갈 때까지 우리를 도와주세요.

정답 1. 성령님 2. 예수님 3. 하나님 말씀 4. 생각 5. 하나님 나라

3 예수님께서 제자들에게 하셨던 말씀을 따라 쓰거나 선생님과 함께 읽어보세요.

성령님이 너희에게 오실 것이다.

활동하기

1 1, 2, 3 숫자의 줄을 따라가 성령 하나님에 대한 설명이 맞으면 ○표 틀리면 X표를 해보세요.

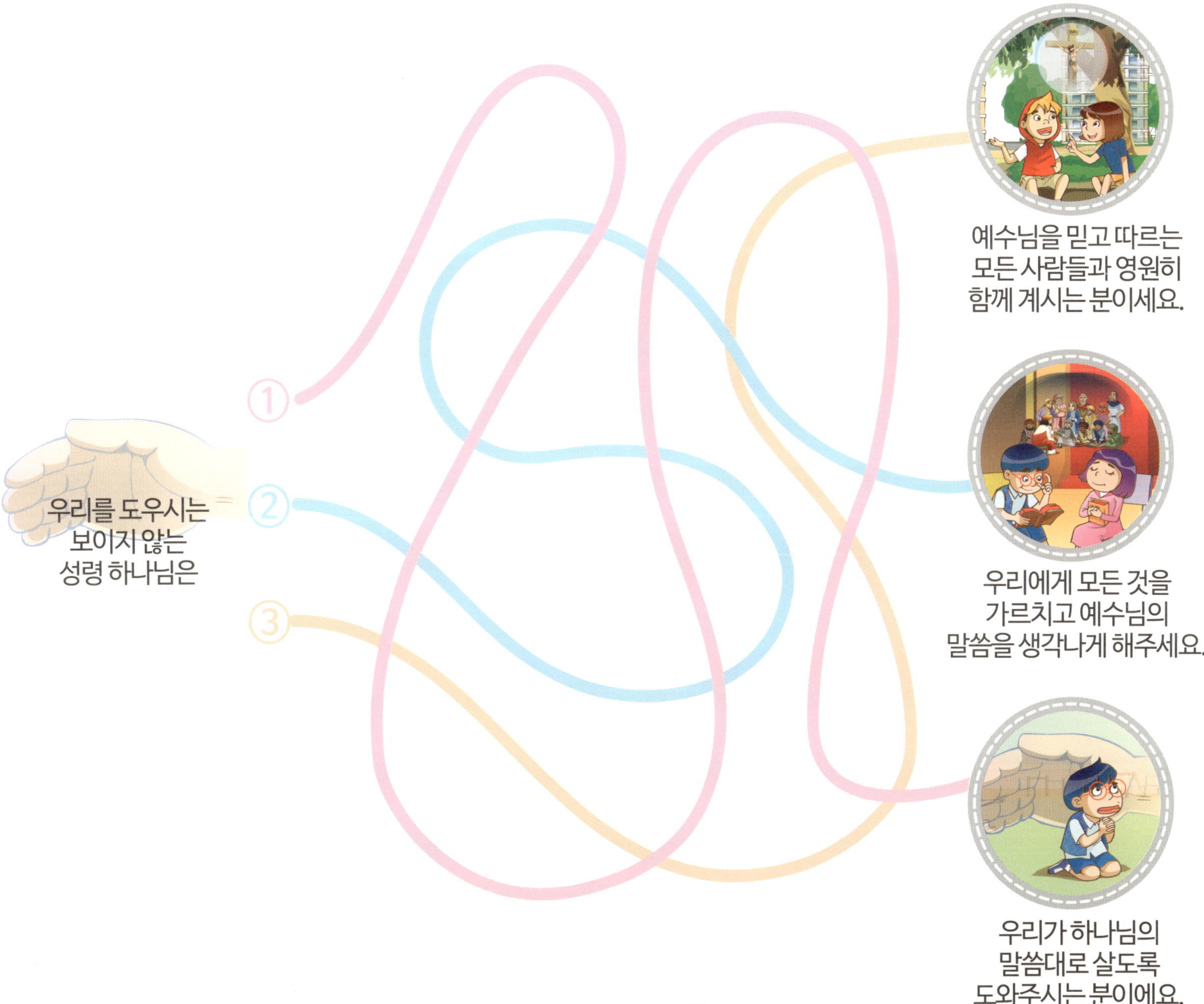

우리를 도우시는
보이지 않는
성령 하나님은
①
②
③
예수님을 믿고 따르는
모든 사람들과 영원히
함께 계시는 분이세요.
우리에게 모든 것을
가르치고 예수님의
말씀을 생각나게 해주세요.
우리가 하나님의
말씀대로 살도록
도와주시는 분이에요.

말씀 따르기

1. 성령님은 누구이신지를 선생님과 함께 이야기해 보세요.
2. 내가 하나님의 자녀가 되었음을 고백하고 선생님과 함께 하나님께 감사의 기도를 해보세요.

기도하기

하나님 아버지, 저에게도 성령님을 보내 주셔서 감사합니다. 하나님의 자녀로 올바르게 살겠습니다. 예수님의 이름으로 기도드립니다. 아멘.

12과 우리를 지키시는 예수님

소 주 제 : 계획과 보호

본문말씀 : 로마서 8장 34절(전체 : 로마서 8장 31 ~ 39절)

중심구절 : 누가 정죄하겠습니까? 죽었을 뿐 아니라 살리심을 받으신 분은 그리스도 예수이십니다. 그분은 하나님 오른편에 계시며 우리를 위해 간구하십니다.

① 모든 사람이 죄를 짓고 하나님을 떠났어요. 그러나 하나님은 죄 지은 사람들을 포기하지 않고 용서하려고 하셨어요.
나를 떠났지만 용서하고 다시 돌아오게 해야겠다.

② 하나님은 우리의 죄를 용서하시려고 예수님을 십자가에서 죽게 하셨어요. 그리고 죽은 지 3일 만에 예수님을 다시 살아나게 하셨어요.
다 이루었다...
마리아야~

③ 하나님은 누구든지 부활하신 예수님을 믿으면 죄를 용서해 주시고 영원한 생명을 주세요.
예수님, 감사합니다~
예수님, 사랑해요~

④ 예수님은 우리가 하나님 나라에서 영원히 살 수 있도록 항상 지켜주세요.
내가 너희와 항상 함께 있을 것이다.
네~

⑤ 그래서 악한 마귀도 우리를 하나님 사랑으로부터 멀리 떨어지게 할 수 없어요.
으~ 예수님 때문에 저 녀석들을 괴롭힐 수가 없잖아!

⑥ 예수님은 우리를 죄와 죽음으로부터 구원하시고 영원히 하나님 나라에서 살 수 있게 하셨어요.
하나님, 감사합니다!
예수님, 감사합니다!

단어 풀이 **영원히** 끝없이 끊이지 않고 변함없이 계속되는 / **간구** 간절히 바라고 구하는 것

말씀 배우기

1 우리를 사랑하시고 지켜주시는 예수님을 스티커로 붙여주세요.

2 내용이 맞은 것에 O표, 알맞지 않은 것에 X표를 해보세요.

하나님은 우리 죄를 용서하시려고 예수님을  십자가에서  전쟁터에서 죽게 하셨어요.

죄를 용서받고 영원한 생명을 얻으려면  악한 마귀를  부활하신 예수님을 믿어야 해요.

예수님은 우리가 영원히  하나님 나라  무서운 지옥 에서 살 수 있도록 항상 지켜주세요.

말씀 다지기

1 **누구든 죄를 용서받고 영원한 생명을 얻으려면 누구를 믿어야하는지 O표 해보세요.**

악한 마귀

부활하신 예수님

힘이 센 사람들

2 **빈칸에 알맞은 답을 적어 보세요.**

1. 하나님은 죄 지은 사람들을 포기하지 않고 ☐☐ 하려고 하셨어요.
2. 하나님은 우리의 죄를 용서하시려고 예수님을 ☐☐☐ 에서 죽게 하셨어요.
3. 하나님은 누구든지 ☐☐ 하신 예수님을 믿으면 죄를 용서해 주시고 영원한 생명을 주세요.
4. 예수님은 우리가 하나님 나라에서 ☐☐☐ 살 수 있도록 항상 지켜주세요.
5. 악한 마귀도 우리를 하나님 ☐☐ 으로부터 멀리 떨어지게 할 수 없어요.

정답 1. 용서 2. 십자가 3. 부활 4. 영원히 5. 사랑

3 **예수님께서 제자들에게 약속하신 말씀을 따라 쓰거나 선생님과 함께 읽어보세요.**

내가 너희와 항상 함께 있을 것이다.

활동하기

1 우리를 지키시는 예수님을 색칠하고 빈 칸에 나의 이름을 적어보세요.

____
나를
지켜주시는
예수님
감사합니다!

말씀 따르기

1. 예수님께서 무엇을 다 이루셨는지를 선생님과 함께 이야기해 보세요.
2. 죄를 용서받은 우리는 어떻게 말하고 행동해야 할지를 선생님과 함께 생각해 보세요.

기도하기

하나님 아버지, 항상 저와 함께 계시고 지켜주셔서 감사합니다. 예수님의 이름으로 기도드립니다. 아멘.

13과 우리를 선택하신 하나님

소 주 제 : 계획과 선택
본문말씀 : 에베소서 1장 4절(전체 : 에베소서 1장 3 ~ 6절)
중심구절 : 하나님은 세상이 창조되기 전에 그리스도 안에서 우리를 선택하셔서 사랑 가운데 그 앞에 거룩하고 흠이 없게 하셨습니다.

❶ 하나님은 세상이 만들어지기 전부터 우리에게 선물을 주기로 생각하셨어요. 그것은 어떤 선물일까요?
우와~~~
와~~~

❷ 하나님은 우리에게 가장 큰 선물인 예수님을 보내 주셨어요. 그래서 예수님을 믿는 사람은 모든 죄를 용서받고 하나님 나라에 갈 수 있어요.
예수님 손잡고 하나님 나라에 가요
예수님, 내 죄를 용서해 주셔서 감사합니다

❸ 예수님을 믿는 사람들은 모두 하나님의 자녀가 돼요. 아빠가 자녀를 돌보듯이 하나님은 우리를 돌보아 주세요.
하나님은 우리 아빠!
하나님은 우리의 기도에 응답하셔.

❹ 우리 하나님은 세상이 만들어지기 전부터 이런 선물을 우리에게 주시기로 계획하셨어요.
얘들아, 너희들이 나를 믿기 전에 내가 먼저 너희를 선택했단다.
감사합니다!

❺ 예수님은 우리의 죄를 용서하시려고 우리 대신 십자가에서 죽으셨고, 성령님은 예수님을 믿도록 우리의 마음을 바꾸어 주셨어요.
예수님이 나 대신 벌을 받으셨어!
예수님이 내 모든 잘못 때문에 죽으셨어.

❻ 아빠 하나님, 예수님, 성령님은 우리를 하나님의 거룩한 자녀로 선택해 주셨어요.
감사합니다!
하나님, 감사합니다!

단어 풀이 응답 부름이나 물음에 대하여 답하는 것 / 선택 여럿 가운데서 골라서 뽑는 것

말씀 배우기

1 하나님이 선물로 보내주신 예수님과 함께 기뻐하는 학생들을 스티커로 붙여보세요.

2 내용이 맞은 것에 O표, 알맞지 않은 것에 X표를 해보세요.

하나님이 우리에게 주신 가장 큰 선물은

예수님이에요.

재물이에요.

예수님을 믿는 사람들은 모두 죄를 용서받고

고통을 받아요.

하나님 나라에 가요.

예수님을 믿도록 우리의 마음을 바꾸어 주신 분은

성령님이에요.

악한 마귀에요.

말씀 다지기

1 하나님께서는 세상이 만들어지기 전부터 누구를 우리에게 보내시려고 하셨는지 O표 해보세요.

아담

노아

예수님

2 빈칸에 알맞은 답을 적어 보세요.

1. 예수님을 믿는 사람은 모든 죄를 용서받고 ☐☐☐ ☐☐에 갈 수 있어요.
2. 예수님을 믿는 사람들은 모두 하나님의 ☐☐가 됩니다.
3. 예수님은 우리의 죄를 용서하시려고 우리 대신 ☐☐☐에서 죽으셨어요.
4. 성령님은 예수님을 믿도록 우리의 ☐☐을 바꾸어 주셨어요.
5. 아빠 하나님, 예수님, 성령님은 우리를 하나님의 거룩한 자녀로 ☐☐해 주셨어요.

정답 1. 하나님 나라 2. 자녀 3. 십자가 4. 마음 5. 선택

말씀 따르기

1. 아빠 하나님께서 우리에게 주신 가장 귀한 선물이 무엇인지를 선생님과 함께 생각해 보세요.
2. 나는 어떻게 하나님의 자녀가 되었는지를 선생님과 함께 이야기해 보세요.

기도하기

하나님 아버지, 저의 죄를 용서하시고 하나님의 자녀로 삼아주셔서 감사합니다. 예수님의 이름으로 기도드립니다. 아멘.

점선을 따라 살짝 접은후 잡아당겨 주요.

안으로 접는 선

바깥으로 접는 선

자르는 선

<활동하기!>

하나님이 주신 가장 큰 선물

〈 만드는 과정 〉

1. 

책에서 활동지를 분리하고 그림을 모양대로 모두 오려 줍니다.

2. 

바탕 그림을 접는 선을 따라 지그재그로 접어 줍니다.

3. 

맨 뒤 칸부터 그림을 차례차례 붙여줍니다.
그림을 하나씩 붙이면서 배웠던 말씀을 이야기 형식으로 반복하여 복습합니다.

4. 

완성 후 기도하고 마칩니다.

* 종이가 두꺼워서 접는 활동이 어려울 수 있습니다.
접는 선을 커터칼 등 부분을 사용하여 선을 그어 주면 좀 더 쉽게 접을 수 있습니다.

바깥으로 접는 선

안으로 접는 선

바깥으로 접는 선

안으로 접는 선

바깥으로 접는 선

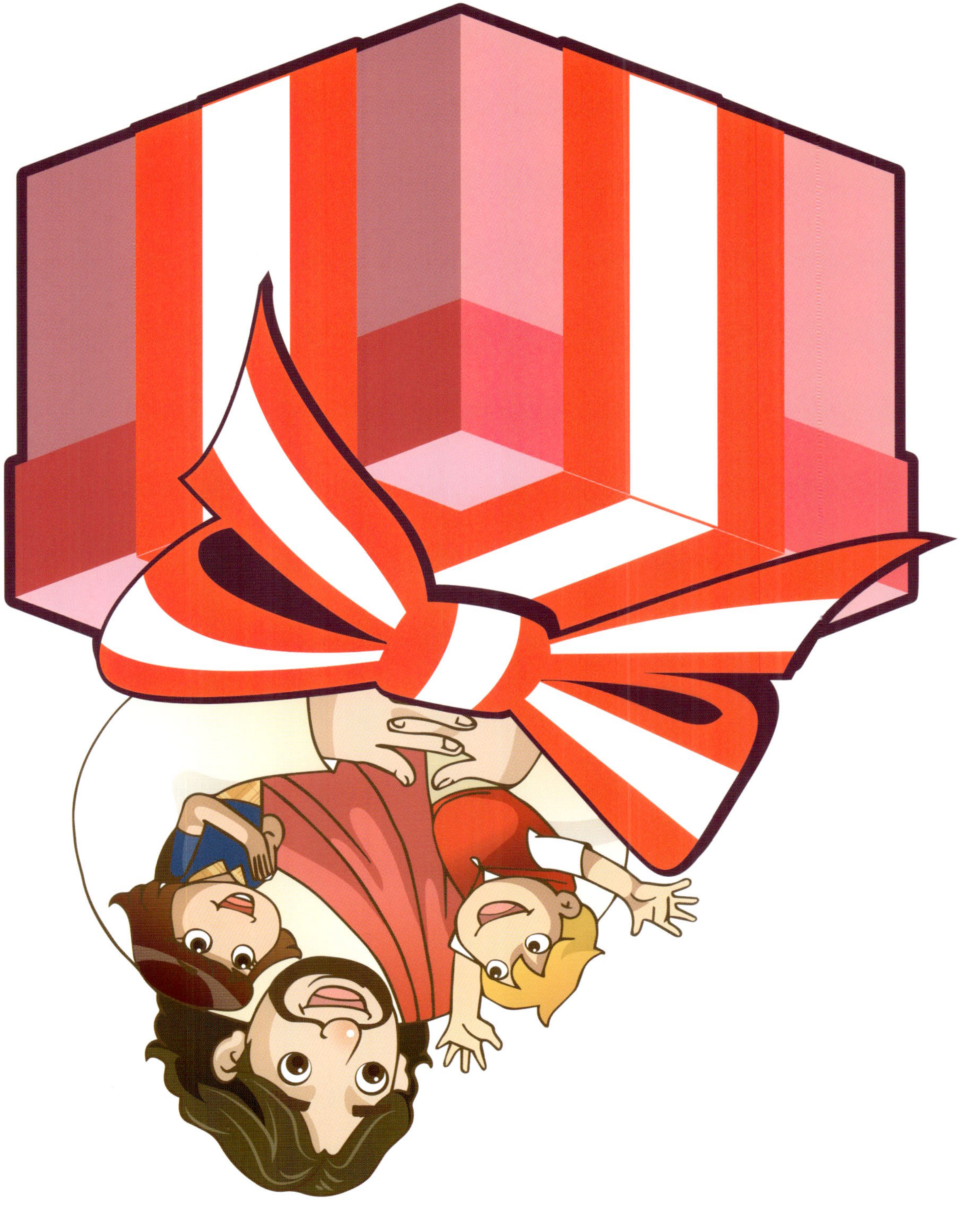

점선을 따라 살짝 접은후 잡아당겨 주세요.

······ 안으로 접는 선　— · — 바깥으로 접는 선　- - - - 자르는 선

세상에서 가장 재미있는 갓스토리

열네 번째 이야기

계획

STICKER 1

우리를 향하신 하나님의
선한 계획을 들려주는 성경 이야기

5p

9p

13p

19p

21p

25p

29p

33p

39p

41p

45p

49p

53p

세상에서 가장 재미있는 갓스토리

열네 번째 이야기

계획

STICKER 2

우리를 향하신 하나님의 선한 계획을 들려주는 성경 이야기

5p

9p

13p

19p

21p

25p

29p

33p

39p

41p

45p

49p

53p